JN411812

아내의 정원

마음시시인선 19

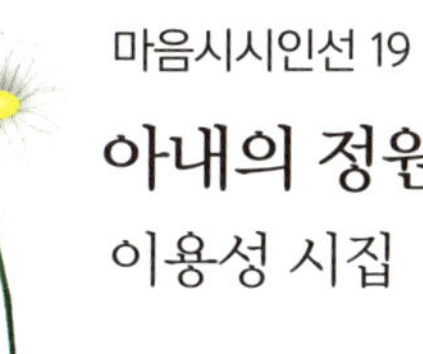

아내의 정원

이용성 시집

마음시회

시인의 말

어느날, 삶의 경계선을 넘어가다
나에게 물어 보았다, 너는 누구냐고?
아무리 물어도 대답이 없다.

단지 가슴이 소리치는 것은
안개 자욱한 길에서, 손에 잡히는 것 하나 없는
길에서, 목적지 이정표도 없는 길에서,
눈껌뻑하는 사이 사라지는 길에서,
내일을 기약할 수 없는 길에서,
그냥 숨가쁘게 달려가는 길에서,
나의 곁을 스쳐가는 모든 것들에 대하여
기억의 저장고에 추억이라는 이름으로 쌓고 가라.

결국, 인생은 추억쌓기 게임이다.

2026 새봄 이용성

차례

제2장 스쳐 지나가는 것들

제3장 그리움을 찾습니다

제4장 나팔꽃 핀 이유

제1장
피어야 꽃이다

비바람에 흔들리며 피어야 한다
그래야만 꽃이다
지금 마주보는 당신처럼

인생

겨울 지나고
따스한 봄날이 오면
예쁜 꽃이 핀다는 사실을

때늦은
중년이 되고서야 알았다

영월(젊은 달 Y 파크)

길

두려워 마라
보이지 않는 세상이더라도
밟아 보지 못한 세상이더라도

내가 먼저 걷다 보면
길이 되는 세상이니

아침 인사

허락을 모르는
눈부신 아침 햇살이

창문으로
쏟아지는 시간
세월의 흔적이 춤추는
보름달 이마에
짧은 입맞춤 하고 나면

가난한 품안으로
쉼없이 파고드는
당신

참 좋다

피어야 꽃이다

피어야 꽃이다
피지 못한 꽃은
그 정체를 알 수 없다

봄이 오면 눈보라가 몰아쳐도
반드시 꽃 피워야 한다
하이얀 벚꽃처럼
빠알간 장미처럼

그리하면
내가 너의 곁에 서서
너의 이름 불러주마

꽃의 숙명

향기가 있어야 한다
벌나비가 날아 들어야 한다
비바람에 흔들리며 피어야 한다
그래야만 꽃이다

지금 마주보는 당신처럼

아내의 정원

15층 베란다
아내의 정원에 꽃이 피었습니다

6월 햇살이 폭우처럼 쏟아지는
아내의 정원에 꽃이 피었습니다

저녁 노을이 잠긴 창가에서 은빛 연어가 뛰듯
바라보면 볼 수록 반짝이는 작은 정원입니다

지난날
하이얀 스티로플 박스 주워다
마사토와 부엽토를 마구 섞어
파, 부추, 상추씨를 뿌리더니
오늘,
파아란 꽃살들이 춤추는 것을 보았습니다

어제도
아내는 햇살 한줌과 흙 한줌을 쥐고
정원에서 허리 숙여 꽃을 피웠을 텐데
나는
바보처럼 무심코 스쳐갔나 봅니다

오늘에서야
작은 정원에 예쁜 꽃이 보였습니다
마법사 같은 예쁜 아내가 보였습니다

포항(호미곶)

일출

일년 365일
그 자리에서 뜨고 지고

나는
왜 제대로 보지 못했을까
저리 눈부신 태양을

접시꽃

삼백예순다섯 날
심장을 쪼아대는 그리움 품고
앵혈처럼 붉은 꽃 피웠더니

오늘은 당신이 오셨네요
조용히 내게로 오셨네요

약속해주세요
이 자리 지키고 있는 동안
어제처럼 스쳐 가더라도
오늘처럼 나의 곁에 서서
나의 이름 불러 주신다고

그리움은

어제는 등 뒤에서 따라오고
오늘은 앞장서서 달려가는
그림자처럼

지나간 모든 것들은
부르지 않더라도 봄날 들꽃처럼
소리없이 찾아오더라

영덕(주왕산 주봉 가는길)
일제 강점기동안 일본군이 연료로 사용하기 위해 군민을 강제동원하여 소나무에서 송진을 채취한 흔적이라 함.

흔적

아프다 바라만 보아도
슬프다 생각만 하여도

그러하니 잊지는 말자
두 번 다시 되풀이 말자

아우성 그 반세기를

구애

죽는 날까지
매미의 궁뎅이처럼
흔들어 봐라

궁금해서 못 베길 꺼다
반드시 새벽이슬처럼
찾아올 거다

가을

연분홍 코스모스
파르라리 떨리는 하늘에
홍엽은 말없이 쌓여가고
허물 벗은 매미의 허상 위로
발그레 웃고 있는
너

참 얄밉다

물안개

아침 햇살 쏟아지면
은빛 세상 반짝반짝
하늘로 되돌아 가려는
간밤 호수의 하이얀 꿈
아우성 소리

괴산(산막이 옛길)

희망사항

오늘
창 너머 회색빛 하늘에
민들레 홀씨 같은 하얀 눈송이가
소리없이 펑펑 흩날리더니
까아만 자동차 본넷에 수북이 쌓였네

그 위로
그녀 이름 석 자
그 아래 보고 싶다
그 아래 사랑한다
그 아래 또 사랑한다
그리 써서 톡으로 보냈더니

카카오톡 상단에
붙박이로 고정되어 있는 그녀가
빛살보다 빠르게
메아리로 들려주는 말

나도 사랑해

당신만

내 곁을 스치는 모든 것들이
바람의 흔적으로 사라지더라도
나는 견딜 수 있답니다

당신만
내 곁에 있다면

단양(제비봉)

콤플렉스

惻隱之心측은지심
그 눈빛으로 바라보지 마세요

지금은
당신과 함께
같은 하늘 바라보고 있으니까요

짝사랑

붉은 노을에 앉은 수평선 따라
날개 퍼득이며 짝을 찾는 철새 한 마리

홀로 가는 길은
바라만 보아도 가슴이 아프다

말 못하는
사랑도 그렇다

카멜레온

반짝이는 갑옷에다
시간 한 줌 올려놓고
이름모를 세상을 향해
느릿 느릿 기어가는
느림보 인생아

가늘진 가지를 부여잡고
바람따라 흔들리며

꿈뻑이는 두 눈망울에
서로 다른 세상 담아 두고

풀숲에 가면 풀이 되고
꽃밭에 가면 꽃이 되는

너는
요술장이 마법사

나도
너처럼 세상을 만나고 싶다

원주 (치악산 구룡사)

존재의 힘

쓰러지면 영원히 사라지니
하늘 바라보고 있을 때
세상에다 소리쳐 보자

아직도
나는 살아 있다고

제2장

스쳐 지나가는 것들

어제와 같은 길에서
어제와 같은 시간에
무심코 서서 하늘 바라보니

목련의 봄

꿈꾸는 대지
멱을 잡고
하이얀 하늘
날름대는 입술
뭉게구름
한 점 한 점 녹아드니
향기를 모르는
네 안에
따사로운 봄이
풍덩 빠져든다

봄, 터지다

추위에 잔뜩 움츠렸던 삼월
언제 오시려나 언제 오시려나

오늘 한줌의 햇살이 머무는 곳에
팝콘처럼 마구 터지는 순백의 봄

내 님처럼 어여쁘다

나이가 든다는 것은

나이가 든다는 것은
잠시 바삐 가던 걸음 멈추고
이름모를 꽃에게도 눈맞춤 한 번 더 하는 거다

나이가 든다는 것은
잠시 바삐 가던 걸음 멈추고
찰라처럼 잊혀진 어제의 기억을 되살리는 거다

나이가 든다는 것은
어제 밟아도 아프다 소리치지 못했던 모든것들에게
오늘 그 이름을 찾아 한 번 더 불러보는 거다

나이가 든다는 것은
까아만 흑발 사이로 하이얀 새치 생겨나듯
어제의 내가 소리없이 변화하는 거다
어제의 내가 아니라는 거다

그러하니
온전한 내가 이 땅에 지탱하고 있을 때
경험해 보지 못한 모든 것들에 대하여
가슴에 담아 보라 자꾸 외치는 거다

꽃비

4월
바람 없는 하늘에서
헤아릴 수 없는 하이얀 꽃이 날린다

은빛 햇살을 품은
하이얀 천사들이 춤을 추듯
하이얀 나비떼가 날개짓하듯

그러하니 가자 가자 어여 가자
누가 오라 손짓하지 않더라도
바람이 길을 묻지 않듯 그리 떠나 보자

지금 떠나지 않으면
꽃이 비가 되어 내리는 세상
두 번 다시 만날 수 없으니

이팝꽃

누렁소 고삐 쥐어잡고
이랴 어서 가자 어여 가자
달구지소리 요란하던
울 아버지 그 길가에
함박눈 내리듯 피어난
오월 하이얀 눈꽃이여

이천 신둔면(멸치 국수와 돈까스 식당)

전설

어릴적
구정 전날이면 공동 빨래터에서 백 근 돼지 멱 따는 소리
천덕고을에 하나밖에 없는 발전기
새벽부터 요란한 방앗간에서
하이얀 떡가래 자르는 가위질 소리
공터에는 옥수수, 쌀, 떡을 한 되씩 넣은 뻥기계 돌고 돌다
뻥이요, 하고 터지면 집집마다 누렁이 짖는 소리
기름이 튀어대는 솥뚜껑에는 노릿한 배추전 지글대는 소리
무쇠 가마솥 하이얀 순두부 팔팔 끓으며 구수하게 익어가는 소리
참으로 집집마다 요란했었지

구정날이면
차례상 휘어저라 산해진미, 떡꾹 올려 놓고
친척들 모두 모여 조상님께 큰절 올리고 나면
예쁜 한복 차려입은 아이들은 부모님께 세배하고 용돈 받고
김가루 뿌려진 맛난 떡꾹 한 그릇 뚝딱
서로 건강하자 덕담하며 나이 한 살 올렸었지
참으로 추웠지만 따스했던 구정이었지

오늘은
아무도 반겨주지 않는 고향집에서
여동생과 단둘이서 그 옛날을 이야기 한다
보고 싶어도 볼 수 없는 풍경과
만나고 싶어도 만날 수 없는 사람
그리고
삶의 경계선에서 소리없이
전설이 되어가는 모든 것들을

이천 백사면(산수유축제장)

산수유

지난 겨울 붉은 열매 가지에 매어 달고
수천 마리 공작새 벼슬이 치솟아오르듯
삼월 바람 따라 약속한 듯 피어나는 꽃

샛노란 꽃술에 벌나비 날아드니
예쁜 봄이 웃으면서 달려오더라

봄날에는

눈을 감았더니
봄이 피었더라

눈을 떴더니
봄이 지더라

花無十日紅화무십일홍처럼
짧은 순간 스치는 게
봄이요 인생이니

봄날에는
절대 눈 감고 잠들지 마라
그리고 아프지 마라

내가 바라보는 하늘에
내가 걸어가는 길가에
예쁜 꽃이 피는 봄이다

4월 하늘 아래

스쳐가는 거리마다 바라보는 세상마다
눈에 가시 밟히듯 자꾸만 꽃들이 보여요

새벽 하늘 수많은 꼬마별들이
앙상한 가지에 매달리어 잠든 것처럼
보석처럼 햇살처럼 반짝거려요

누가
이 아름다운 정원에 꽃씨를 뿌렸을까요
어느날 흔적없이 사라져간 모든 것들이
바람에 흔들리는 꽃으로 피어날 수 있도록

4월 하늘 아래
바라보는 모든 것들은 꽃인가 봅니다

금계국_황금닭 벼슬국화라고도 함

금계국

스치는 거리마다 바라보는 하늘마다
노오란 병아리가 아장아장 걸어가듯
오월 하늘에서 바람따라 흔들린다

말없이 떠나버린 울 엄마
잡초 무성한 무덤에서도 떼지어 흔들린다

봄이 오는 소리

어제와 같은 길에서
어제와 같은 시간에
무심코 서서 하늘 바라보니

따사로운 바람이 콧등을 스치고
태양은 동녘에서 치솟고 있더라

어제는
달빛 새벽을 밟고 걸었는데
오늘은
햇빛 아침을 밟고 걷는다

살아 숨쉬는 모든 것들이
이정표 없는 겨울의 능선 따라
시간의 무등을 타고 하염없이 달렸나 보다

회사의 녹슨 철조망 사이로 쉼없이 흔들리던
산수유 가지마다 춤추는 노오란 꽃등이 그러하고
터질듯 말듯 솜털을 품은 목련의 하늘이 그러하다

그러하니 아이야
어여가자 어여가자

남쪽 나라에서 자박자박 들려오는
봄이 오는 소리 귀 기울여 들어보렴

빨강 동백이 대지로 뚝뚝 떨어지는 저 소리
분홍 매화에 취한 벌나비 날개짓 그 소리

그러하니 아이야
어여가자 어여가자

우리의 봄은
오늘부터 시작이다

하늘

분홍 보조개 예쁜 처녀가
일곱 색깔 무지개 능선 따라
금빛 햇살 밟고 달려오더라

그 옛날 너의 품으로 겁없이 달려가던
나의 청춘처럼

이천(설봉호수)

아버지의 청춘은 꽃이 되어

어제
작은 어깨에 태산 같은 지게 메고
길고 좁다란 논두렁 둔덕에 앉아
탁배기 한 사발로 주린 배 채우며
주인의 허락없이 자란 망초 베어다
작두에 잘게 썰고 쇠죽솥에 잔뜩 담아
작은 아궁이에 장작불 벌겋게 지피면
아버지의 청춘은 타닥타닥 재가 되고
어린 누렁소의 저녁은 언제나 만찬이었다

오늘
유월 따사로운 햇살이 내려 앉은
이름모를 잡초 무성한 작은 언덕에
망초가 무리지어 흔들리는 것을 보니
때늦은 아버지의 청춘이
꽃이 되어 오시나 보다

흔들의자

아파트 베란다 귀퉁이
바람 없는 날에도
흔들흔들

울 엄마
살아 생전 앉아보지 못했던
그 의자

방충망 사이 사이
찬서리 녹아 드는 아침
바라만 보아도
흔들흔들

정말 보고싶다
울 엄마

_퇴근 이후 아내와 당근에서 흔들의자를 구매 손질하여 다음날 고향집에 가지고 가려고 하였는데, 마침 그날 어머니가 세상을 떠나셔서 앉아보지 못한 사연이 있음.

어떡하나

엄마
막내 아들 왔다
소리치며 고향 문턱 넘어서는데

대답이 없다
단지
깃털 같은 이불조차 밀쳐내지 못하는
앙상한 이방인이 돌아누워 있었다

머리맡에 무릎 꿇고 앉아 바라보니
공허한 외침 이는 바보 상자 곁에서
얼마나 오랫동안 옆으로 누웠길래
엉덩이는 짓물러 욕창이 발생하고
귓바퀴는 헐어서 피고름 범벅이다

콧등에 매어달린 주름살 사이로
시간에게 빼앗겨 버린 청춘은
검은꽃으로 무리지어 피어나는데
귓등으로 소리없이 스치는 오월이
이별을 준비하지 못한 가슴에게
던지는 말

어떡하나

양평(세미원)

엄마

사남매 키우느라
허리 휘어진 천하장사
지금 어디에 계시나요

보고 싶다
울 엄마

비 오는 날에도 매미는 운다

칠월 어느 날
폭포수처럼 비는 쏟아지고
베란다 방충망에 달라붙은
매미 한 마리
나를 보며
애절하게 울고 있다

출근길 재촉하는 나그네야
가던 걸음 잠시 멈추고
나의 넋두리 들어나 보소

칠 년 동안 어둠 속에서
애벌레로 꿈틀대다
어젯밤 투명한 날개 펴고 날았더니
햇살 따라 춤추는 나무는 사라지고
등걸조차 보이지 않는 세상에는
빗소리만 요란하니 어떡하면 좋겠소

젖은 날개로
자유로이 날아갈 수 없고
운명은 내일을 기약할 수 없으니
그대 눈길 머무는 이곳에서
울음통 달린 궁뎅이 신나게 흔들다가
허물 벗어놓고 가더라도
원망치 마소

제3장
그리움을 찾습니다

가슴을 열었더니 네가 아프다 하고
가슴을 닫았더니 내가 아프네 하네
사랑, 참 어렵다

이름

세상에 태어나
처음으로 가져보는
나의 것

너는 불러서 좋고
나는 들어서 좋고

살아 숨 쉬는 동안
내 삶 중에
변하지 않는
유일한 것

능소화

유월이 오면
예쁜 주황색 주머니에 고운 사랑 가득 담아서
담장 너머서라도 꼭 찾아 오신다 하였지요

오늘, 당신과 마주보는 하늘이
참 행복합니다

운명

삶이 외롭다 말하지 마라
태어나는 그 순간부터 혼자였으니

삶이 아프다 말하지 마라
탯줄을 끊는 그 순간부터 고통은 시작 되었으니

삶이 보이지 않는다 말하지 마라
눈 뜨는 그 순간부터 보이지 않았으니

그러하니
그 어떤 것도 탓하지 마라
이 땅에 태어난 그 순간부터 결정되어진
운명이다

그러하니
어제 걸었던 그 길
오늘도 걸어갈 수 있음에 감사하며
태양 아래 웃고 웃다
별빛 아래 잠들면 된다

이제서야 알 것 같아요

삶의 경계선에서 잠시 뒤돌아 보니
춤추는 당신이 보이네요
반짝이는 별을 품은 당신을 곁에 두고
장님처럼 바보처럼 앞만 보고 달렸네요
미안합니다 그리고 감사합니다
지금이라도 당신을 만날 수 있어서요

바람이 불어요 눈비가 내려요
떠나려 하시나요 또 어디로 가시나요
하이얀 나비가 하늘을 날아가듯
오늘 만나 꽃비로 사라지는 당신
왜 몰랐을까요
지난 시간 아프고 아파하던 그 시간에도
항상 나의 곁에서 꽃으로 다가온 당신을

이제서야 알 것 같아요
세찬 비바람에 흔들리는 그 모든 것들은
한송이 꽃으로 피었다는 사실을

자월도(해수욕장)

발자취

살아 있는 모든 것들은
지나가는 자리마다
그 무엇을 남기려 한다

비록, 파도에 휩쓸려
흔적조차 없어지더라도

새벽 세 시

새벽 세 시
종아리 아프다 그리 보채더니
얼마나 피곤했으면 천정이 무너져라
밤바다로 쉼없이 쏟아내는
코댕댕 소리

어제부터
찬바람 불어대는 새벽에 출근하여
하루 종일 거칠은 막노동 현장에서
종종걸음으로 이름모를 작업자 따라다녔을
저 백설기 같은 하이얀 종아리에 피멍이 들었나 보다

이 시간에 눈 뜨면
나의 밤은 다시금 찾아오지 않는다는 사실을 알면서도
나도 모르게 그 소리 따라 바라보니
갑자기 요란한 새벽이 조용하더라
아내가 보름달처럼 씨익 웃고 있더라

그래서 이 시간에
나는 시 한 줄 내려야 한다
잠못드는 겨울밤 이야기를

사랑, 참 어렵다

가슴을 열었더니
네가 아프다 하고

가슴을 닫았더니
내가 아프네 하네

가지말라 잡았더니
바람처럼 가버리고

오지말라 밀쳤더니
소리없이 다가오는

사랑, 참 어렵다

사랑

너와 내가 마주 앉아

마주 보며 웃다 보면

가슴 설레는 단어

예산(예당호수)

어떡하지

엊그제
기억의 저편에서
그림자처럼 나타나고
그림자처럼 사라지며
울고 웃던
그리움

오늘
삶의 경계선을
소리없이 넘다
되돌아보니

지우개로 지운 듯
그 흔적을 찾을 수 없다

어떡하지

그리움

어둠이 요란한 베란다 너머
헤아릴수 없는 별이 빛나는 밤에

그대가 나에게로 걸어온다
야윈 초승달 그림자 밟으며

처음 만난 그 미소로
자박자박 걸어온다

오늘따라
그대 오시는 밤하늘이
왜 이리 빛나는지

솟대

기다란 나무 끝자락에 앉아
깃털 하나 없는 알몸뚱이로
오지 않는 그리운 님 기다리듯
언제나 그 자리에

비가 오면 비를 맞으며
눈이 오면 눈을 맞으며
누가 불러주지 않더라도
언제나 그 자리에

저 하늘로 날아가는 새처럼
저 하늘로 날아가고 싶은데
날개 없는 새는 날아갈 수 없어
언제나 그 자리에

오롯이 외발로 서서
망부석처럼 한 곳만 바라보는
나는
누군가의 그리움이 박제된 한 마리 새랍니다

이천 설봉공원 솟대

가을엔

가을엔 시를 쓰자

어린아이 눈망울처럼
유난히 맑은 하늘도 담고
바람에 날려버린
그림자 편린도 줍고
파란 잔디밭에 딩굴대는
플라타너스 갈색 추억도 듣고

별들이 소근대는 수상한 이야기도
장대로 호두 털 듯 탈탈 털어
목마른 삶의 귀퉁이에서
눈길조차 외면당한 채 소리치는
하이얀 白백의 여백에
한세월 가슴으로 삭혀 온
검은 黑흑을 깨알처럼 뿌려
고소하고 맛나는 향기로

시를 쓰자 가을엔

흔적

출근길
아스팔트 위에서
힘겹게 삶을 뒤집는
지렁이 한 마리

그냥 스쳐가려다
생명이다 싶어 축축한 풀섶에
던져주었네

퇴근길 걸음 멈추고
그 자리에 서서 바라보니
주검의 흔적조차 보이지 않는다

단지
참새 한 마리 붉은 부리로
나무 딱지를 비비고 있을 뿐

이천(skhynix 본사)

우리 회사

어떤 회사 다녀요
누구나 다니고 싶은 일등 반도체 회사입니다
회사 이름이 뭐예요
행복 날개를 품은 skhynix입니다

이제는 자랑스레 말 할 수 있다

아침단상

어제와 같은 출근길이다
주차장에 즐비한 차량들
바삐 걸음질하는 사람들

제대로 바라보지 않으면 볼 수 없고
마주하지 않으면 만날 수 없는
아침 하늘을 올려다 보았다

태양이
아파트 너머에서 숨바꼭질하듯 기웃대고
하얀 목련은 출근길가에서 환하게 웃더라

나의 봄은
이제부터 시작인가

몸

요즈음
타인에게 관대하고 너에게만 소홀했던 나에게
자꾸 화도 내고 짜증도 내고 예전과 다르더라

오늘
하이얀 가운 아래 지그시 눈감고 누워 보니
네가 나에게 소리치는 이유를 알 것 같네
너는 나에게 무조건 전부를 주었는데

늦었지만 이제부터라도
다시금 청춘은 아니어도 좋으니
네가 내 인생에서 주인공 될 수 있도록
약속하마

청주시 문의면(청남대)

욕망

덕지덕지 사춘기 여드름처럼
헤아릴 수 없이 솟아나더라도

결국은
새벽 이슬처럼 사라질것들

설봉공원

설봉산 정상에 붉은 노을이 걸리면
설봉 호수에는 붉은 하늘이 춤추고

삼형제 바위에 부엉새 울고 가는 긴 밤이면
영월암 동자 머리에 수많은 별이 쏟아지네

추억이 그리운 사람들도 오고 가고
추억이 보고픈 사람들도 오고 가고

사계절 하얀 빨강 꽃이 피고 지니
사계절 꽃향 따라 벌나비 찾아드는

그냥 바라만 보아도 좋은
이곳은 이천시 설봉공원입니다

충고

아이야 뛰어가지 말고
천천히 걸어서 가자

꽃이 피는 꽃도 보고
꽃이 지는 꽃도 보고

영원할 것 같은 시간도
눈 껌뻑이다 보면
순간처럼 사라지니

오늘 봄이 흔들리는 꽃밭에 누워
반짝이는 햇살과 놀아 보자

바라만 보아도 눈부신 세상이다
처음 당신을 만난 날처럼

여수(향일암)

부처님전 상서

눈 감고
귀 막고
입 닫으면 무슨 재미로 살라꼬요

눈 깜빡 하는 사이
흔적없이 사라지는 인생인데

제4장
나팔꽃 핀 이유

아프다 하지 마라
누구나 아프면서 가는 길이다
눈 깜빡 할 사이 사라지는 길이다

존재의 이유

아카시아 가지마다
하이얀 꽃 주렁주렁

등나무 줄기마다
연보라 꽃 치렁치렁

향기에 취한 벌나비
쉼 없는 날개짓 소리

가던 걸음 멈추고
잊혀지는 이름 불러 보니

무심코 걷던 어제의 길가에서
수많은 꽃들이 함박 웃는다

꽃은
피어야 제대로 보이는가 보다

사람도 그러하다
인생도 그러하다

나팔꽃

아침 이슬을 품고
아침 햇살에 함박 웃으며
바람도 잠든 파아란 하늘 사이로
분홍 치마 말아 쥐고 뛰어오시나 보다
보고픈 나의 님이

인생

눈 뜨면
사막의 한 가운데서
걸어온 발자국 흔적을 지우는
모래 알갱이가 약속하더라도
이정표 없는 길을 가야만 한다

언제나
신기류같은 태양의 길을 따라
낙타의 울음소리를 찾으러 가야 한다

비록 찾지 못하더라도
뒤돌아 보지는 말자

눈 감으면
한 방울 이슬에 숨은
푸른 오아시스에 누워
별이 쏟아지는 하늘 품고 있을 테니

한계령 넘어가는 길목에서

차량의 흔적이 끊어진
구불구불 휘어진 도로 따라
하이얀 눈이 소리없이 뚝뚝

설악산 푸르른 소나무 잎새마다
하이얀 상고대가 햇살 따라 반짝반짝

누구나 볼 수 있지만
누구나 볼 수 없는
누구나 갈 수 있지만
누구나 갈 수 없는

이러한 세상을너는 보았니
나는 보았다, 라고 외치는 아내의 한 마디
천국을 보았다

한계령 넘어가는 길목에서

선물

자연스러운 모습이 좋다고
딸이 몰래 카메라에 담아
밤새워 도화지에 옮겨 그린
이 세상에 존재하는 단 한 편
작품명「아빠의 뒷모습」

잠꼬대

침대에서
뒤척이다

돌아누워
잠드는데

뒤통수를
후려치는

아내의
말 한 마디

등 돌리면 죽는다

재수 좋은 날

퇴근하면 밥상부터 대령하던 아내가
친구 만난다고 문자 남기고 집을 나갔다

어떡하나
삼식이 배는 달래주어야 하는데
오늘따라 모든 것이 귀찮다
소파에 드러누워 핸드폰 보고 있는데
아내에게서 전화가 왔다

밥해줄 테니 기다려요

망부석

가고 싶어도 가지 못해요
보고 싶어도 보지 못해요

그냥 이 자리에서
당신이 오시는 그날까지
영원히 기다리렵니다

영덕(주왕산 계곡)
_영덕 군청에서 관광용으로 적극 홍보하여도 좋을듯
(매우 신기한 큰바위 얼굴)

백조

아내와 한적한 시골 도로를 드라이브 하다
논두렁에 앉은 하이얀 새의 무리들을 보았다

아내에게 무슨 새냐고 물었더니
백조라고 거침없이 대답한다
다시금 되물어도 대답은 백조다

이 세상에서 제일 비싼 새가 되어
삶을 우아하게 살고 싶은 아내의 마음인가

차마 백로라고 이야기 하지 못하고
당신 닮은 백조라고 맞장구쳤더니
차 안이 웃음소리로 요란하더라

봄

아침 이슬에 숨은 꼬마별처럼 빛나네요
빗살에 데인 사막의 모래알처럼 반짝이네요
하양 노랑 분홍 수많은 꽃나비의 주인이 되어
길을 묻지 않는 따스한 바람과 함께 춤을 추네요

어쩌다가
오늘에야 만났어요
이제서야 만났어요

그저 바라만 보아도
행복한 봄을

"황간(월류봉)
_1박2일 첫회 촬영지로 알려짐

月留峰월류봉

초강천이
은빛 물결을 잔뜩 품고 흐르다

五峰오봉 정상에 보름달 걸리면
황금 반딧불 세상이 반짝반짝

내 고향 황간에 가면

베트남 달랏

추억

오늘 다시 만나지 못할 세상과
지금 바라다 보이는 모든 것들을
눈과 가슴에 가득 담아 보자

훗날 당신과의 오늘이
무척 그리워질 테니

시간의 길가에서

변함없이 오고 가더라
어제도 그 길 따라
오늘도 그 길 따라
아마 내일도 그 길 따라 오고 가리라

해가 뜨면 아침이 찾아오듯
달이 뜨면 저녁이 찾아오듯
봄이 되면 꽃이 피듯
겨울 되면 눈이 오듯
그리 정해진 운명의 길 따라
시간은 변함없이 오고 가더라

그러하니 두 눈 껌뻑이다 사라지는 길가에서
오늘이 아프다고 내일이 두렵다고
시간을 부여잡고 눈물 흘리지 말자

어차피 나에게 주어진 알 수 없는 길은
이미 시간의 길가에서 결정되어버린
운명이니까

인생

앞을 보니
영원할 것 같은 시간은
태산처럼 쌓였는데

뒤를 보니
영원할 것 같던 시간이
흔적 없는 순간이더라

그러하니
빗살처럼 사라지는
찰라의 무등을 타고
정해진 시간이 멈춰지기 전에
제대로 달려 보자

換骨奪胎환골탈태

왜 동앗줄로 꽁꽁 묶인 채
아프다 소리하지 못하고
하이얀 껍질조차 붉게 변하면서
또 다시 나를 찾으려 하는가

인생길

움켜쥐려 하지 마라
움켜쥐지 못하는 길이다

외롭다 하지 마라
외롭게 혼자 가는 길이다

아프다 하지 마라
누구나 아프면서 가는 길이다

뒤돌아 후회하지 마라
눈깜빡 할 사이 사라지는 길이다

그러하니
제발
찾으려 하지 마라
정답 없는 길이다

중국(무석)

삶은 여행이다

가슴에 가득 담아 두자

훗날 기억이 추억을 만나
어떻게 살았냐고 묻거든
웃으면서 대답해야지

응, 재미있게 잘 살았지

시인의 산문

자연과 인생을 노래하며

나는 문학을 전문적으로 공부하지는 않았다. 다만, 어린 시절부터 글쓰기를 좋아하고 책을 가까이하였던 것이 오늘날 한 줄의 글을 제대로 내리기 위하여 고민하는 사람이 된 것 같다.

인생이 무엇인지도 모르던 중학교 담임 선생님의 추천을 받아 서울 소재 수도전기 고등학교 기숙사 생활을 하면서 주말 갈 곳 없는 시간은 도서관에서 많이 보냈었고, 그 당시 시, 소설 등 여러 장르의 책을 많이 보았다.

고등학교 시절 매일 일기를 쓰게 되었고 사회 생활을 하면서도 일상을 기록하는 일기는 계속 진행되었는데, 아마도 오늘날 글을 쓰게 한 원동력이 된 듯하다. 그저 글을 쓰고 기록하는 것을 좋아하다 보니 오늘의 내가 있는 것 같다.

중국에서 근무하던 2018년 제3집 『해보는 수밖에 길은 없다』 출간 이후 약 8년의 시간이 흘러 제4집 『아내의 정원』을 출간하게 되었다.

그동안 코로나 등 헤아릴 수 없는 많은 일들이 일어났고 지나갔는데, 뒤돌아 보면 순간 이동처럼 빠르게 흘러간 시간인 듯하다. 아직도 나의 글은 부끄럽고 미흡한 부분이 많아 세상 밖으로 선뜻 나서기가 쉽지 않았는데 마음시 이정하 시인님을 만나 용기 내어 세상으로 소개하게 되었다.

먼저 『아내의 정원』 제목 배경부터 설명하면, 전원 생활을 갈망하는 아내가 작은 아파트 베란다에 정원을 만들어 다육이, 이름 모를 꽃과 상치, 부추 심어 놓고 정성스레 가꾸더니 어느날 신기하게도 꽃이 피고 벌나비도 날아들고 참으로 경이로운 세상을 만들었다. 나를 뒷바라지 하고 응원해 주는 아내가 고맙고 또 미안하고, 그래서 정원을 바라보며 <아내의 정원>이라는 시를 지어 낭송하니 아내가 환하게 미소 짓고 웃어 주길래 그 자리에서 제4집은 『아내의 정원』으로 해야겠다고 결정했다.

『아내의 정원』 시의 스토리는 자연과 인생을 노래한 시집이다. 여행을 하면서 신비롭고 예쁜 자연을 카메라에 담아 5행 이내 짧은 디카시를 수록했다. 매우 짧은 내용이다 보니 사진에 감추어진 전부를 표현하는 데는 한계가 있었다. 아무래도 독자께서 한 단어라도 공감해 주시면 나는 그것으로 만족할 것 같다.
그 디카시에서 애착이 가는 몇 편을 소개하고자 한다

망부석望夫石_ p112

가고 싶어도 가지 못 해요
보고 싶어도 보지 못 해요

그냥
이 자리에서
당신이 오시는 그날까지 영원히 기다리렵니다

영덕 주왕산 계곡 입구에서 만난 큰 바위 얼굴인데 오직 한 곳만 바라보며 그 누구를 애타게 기다리는 듯한 사람 형상 같아 보였다. 얼마나 오랜 시간 이곳에 앉아 기다렸으면 저리 큰 바위 얼굴이 되었을까. 한편으로 자세히 보면 사람 닮은 홍어 얼굴 같기도 한데, 영덕 군청에 근무하시는 분들께서 이 바위의 유래 등을 대내외적으로 홍보하면 많은 관광객들이 찾아오는 관광 자원이 되리라는 짧은 생각도 가져 보았다

흔적_ p27

아프다 바라만 보아도
슬프다 생각만 하여도

그러하니 잊지는 말자

두 번 다시 되풀이 말자

아우성 그 반세기를

영덕 주왕산 주봉 가는 등산로 길가에서 만났다. 일제시대 일본이 영덕 군민을 강제 동원하여 전쟁에서 사용할 연료로 만들기 위해 소나무 허리를 세 군데나 똑같은 모양으로 벗겨서 송진을 마구잡이로 채취한 흔적이란다. 비록 소나무지만 그냥 바라만 보아도 아파서 눈물이 날 것 같았다. 일제 강점기 반세기 동안 나라마저 잃었는데 소나무마저 저 흔적을 안고 있으니 두 번 다시 이러한 역사를 되풀이 하지 말자라는 의미에서 디카시를 만들었다. 영덕 주봉에 가시는 분들을 꼭 한번 보셨으면 좋겠다.

엄마_ p67

사남매 키우느라
허리 휘어진 천하장사
지금 어디에 계시나요

보고 싶다
울 엄마

양평 세미원 조각공원에서 우연히 보았다. 우리 엄마의 똑같은 사남매 삶을 표현한 것 같아서 가슴이 울렁했었지. 사남매 매어 달고 허리 휘어지고 풍만했던 가슴은 늘어진 작품 하나. 아무리 힘들어도 힘들다 이야기 하지 않던 천하장사 울 엄마. 이제는 불러도 대답 없는 엄마는 항상 보고 싶은 그리움만 가슴에 쌓이게 한다.

선물_p109

자연스러운 모습이 좋다고
딸이 몰래 카메라에 담아
밤새워 도화지에 옮겨 그린
이 세상에 존재하는 단 한 편
작품명「아빠의 뒷모습」

가평 고요 수목원 여행 갔을 때 꽃을 카메라에 담는 아빠의 뒷모습을 딸이 몰래 카메라로 찍어서 그날밤 그 모습 그림으로 그려서 카톡으로 보내온 내용을 디카시로 표현했는데 딸이 이 한장의 그림을 그리면서 아빠를 많이 생각했구나라고 생각하니 가슴이 울컥했던 내용이다. 이 세상에 존재하는 단 한편의 그림은 사랑인 듯하다.

우리회사_p91

어떤 회사 다녀요
누구나 다니고 싶은 일등 반도체 회사입니다

회사 이름이 뭐예요
행복 날개를 품은 skhynix입니다

이제는 자랑스레이 말 할 수 있다

나는 나의 의지와 상관없이 반평생을 함께한 회사를 정년이라는 이유로 떠나야 한다. 더 일하고 싶어도 아쉽지만 떠나야 한다. 회사를 떠나기 전에 글로써 회사에 대한 고마움을 담아 회사를 표현하고 싶었는데 다행히 짧고 부족하지만 한 편 남기고 떠날 수 있음에 나는 행복하다 말하고 싶다.
지난 세월을 잠시 되돌아 보면, 1997년도 어려운 시기에 입사하여 지금까지 전기 외길 업무를 진행하였다. IMF 시기에 많은 동료가 회사를 떠났고, 회사의 일부분은 외국계 회사에게 팔려 나가고 , 채권단 관리를 받으며 회사의 존폐마저 거론된 어려운 시기에, 회사를 살리기 위하여 월급마저 반납한 채 다반사로 밤 늦게까지 일하던 시기도 있었다. 아마 예전처럼 업무 하라고 하면 모두 줄행랑 칠 듯하다.
반평생 '전기'라는 외길 인생을 걸어 오면서 사고로 죽을 고비도

넘겨 봤고, 대규모 정전 risk를 안고 경쟁사도 실현하지 못한 무정전 시스템 개선 작업도 동료들과 협업하여 재미있고 완벽하게 대응하여 오늘날 M14 공장이 건설되고 세계 일등 반도체 회사, 다니고 싶은 회사로 거듭나는 데 일조를 했다고 생각하니 가슴 벅차고 훗날 누군가에게 이야기 할 수 있는 꺼리는 있는 것 같아 너무 좋았다.
회사를 떠나는 시점에서 바램이 있다면 skhynix가 백년이 지나도 디카시처럼 세계 반도체 일등회사, 행복 날개 달고 자랑스레이 이야기 할 수 있는 다니고 싶은 일등 회사가 되었음 하는 바램이다.

기타 인생과 자연에 대하여 노래한 글 부분도 부족한 부분이 많지만 독자 여러분들에게 한 단어 한 구절이라도 공감해 주는 부분이 있다면 나는 너무 행복 할 듯하다.
마지막으로 제4집 『아내의 정원』이 탄생하는 데 묵묵히 응원하고 힘이 되어 준 아내에게 고맙다, 사랑한다 전하면서, 부족한 시집이 탄생하기까지 도와주신 이정하 시인님과 회사 구성원과 주위에서 응원해주시는 시인 모든 분들께 감사 인사드린다.

아내의 정원

발행일 2026년 3월 3일

지은이 이용성
발행인 이정하
펴낸곳 마음시회

등록 2021년 4월 12일(제021-00012호)
주소 서울시 마포구 월드컵로 41-1 정일빌딩 4층
전화 02) 336-7462
팩스 0504) 370-4696
이메일 maumsihoe@naver.com

값 15,000원
ISBN 979-11-24253-00-7 (03810)